AF243188

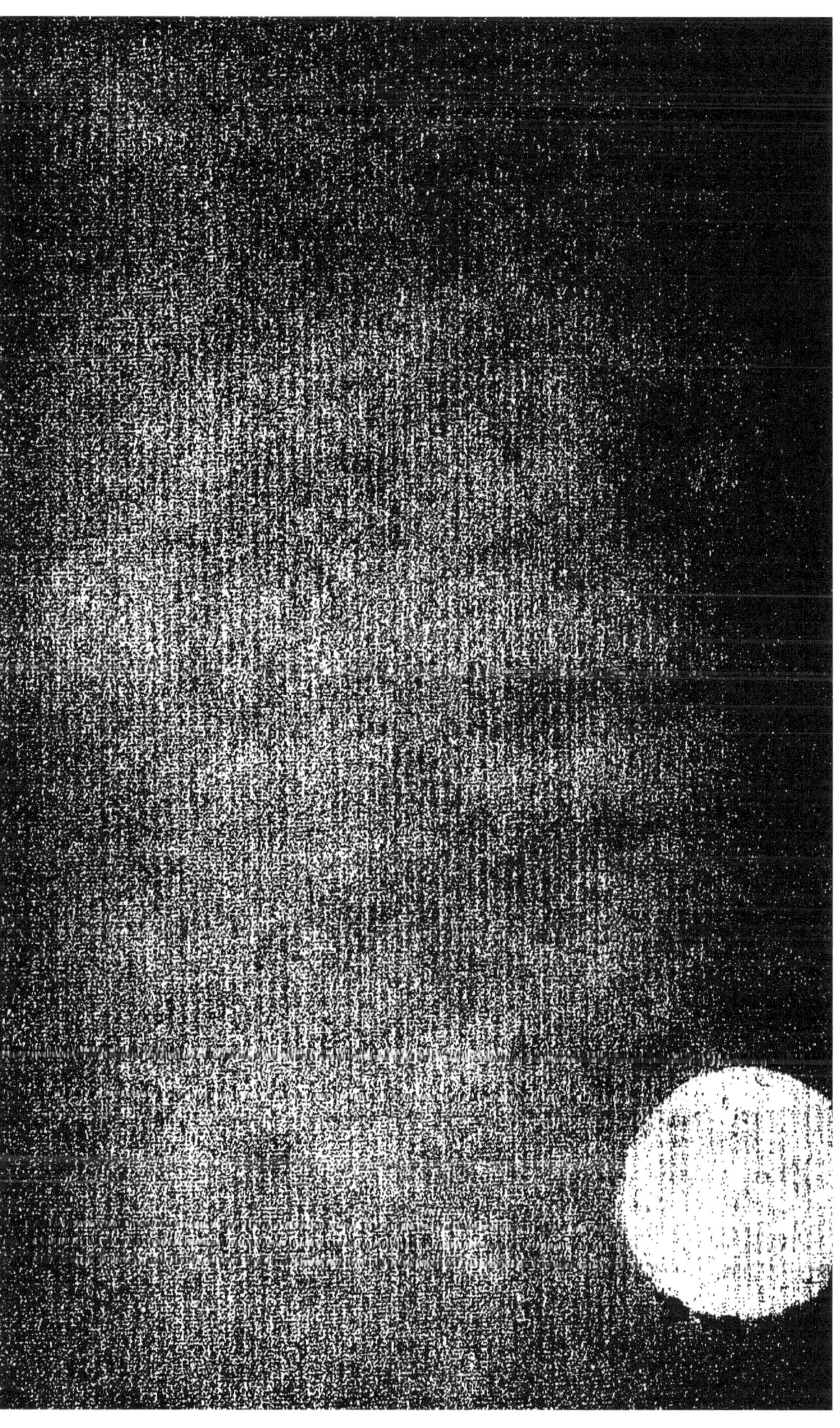

MÉTHODE NATURELLE
D'ÉDUCATION ET D'ENSEIGNEMENT

ÉLÉMENTS SIMPLIFIÉS

DE

CHRONOLOGIE ALGÉRIENNE

A L'USAGE

DES ÉCOLES ET DES FAMILLES

PAR

J.-A. PEYTRAL

Instituteur en retraite,
Ancien Directeur
de l'École publique
d'Oued-el-Aleug.

Marie PEYTRAL

Ancien Élève
de l'École Normale d'Alger,
Directeur de l'École publique
d'Oued-el-Aleug.

AVEC UNE CARTE DE LA CONQUÊTE PROGRESSIVE DU TERRITOIRE

Prix : 25 centimes

ALGER

LIBRAIRIE CLASSIQUE ADOLPHE JOURDAN
IMPRIMEUR-LIBRAIRE DE L'ACADÉMIE

1898

ÉLÉMENTS SIMPLIFIÉS

DE

CHRONOLOGIE ALGÉRIENNE

EN PRÉPARATION :

Éléments simplifiés de Chronologie Algérienne, *des origines à 1898.* — Conquête et civilisation.

Éléments intuitifs d'Histoire d'Algérie.

Éléments simplifiés d'Histoire d'Algérie.

MÉTHODE NATURELLE
D'ÉDUCATION ET D'ENSEIGNEMENT

ÉLÉMENTS SIMPLIFIÉS

DE

CHRONOLOGIE ALGÉRIENNE

A L'USAGE

DES ÉCOLES ET DES FAMILLES

PAR

<table>
<tr><td>J.-A. PEYTRAL</td><td>Marie PEYTRAL</td></tr>
<tr><td>Instituteur en retraite,
Ancien Directeur
de l'École publique
d'Oued-el-Aleug.</td><td>Ancien Élève
de l'École Normale d'Alger,
Directeur de l'École publique
d'Oued-el-Aleug.</td></tr>
</table>

AVEC UNE CARTE DE LA CONQUÊTE PROGRESSIVE DU TERRITOIRE

ALGER
LIBRAIRIE CLASSIQUE ADOLPHE JOURDAN
IMPRIMEUR-LIBRAIRE DE L'ACADÉMIE

1898

ELEMENTS SIMPLIFIÉS

DE

CHRONOLOGIE ALGÉRIENNE

GRANDS FAITS

L'Algérie est sous la domination des Français depuis 1830. Avant cette grande date, elle avait été dominée par les Turcs, 1516, — les Arabes, 670, — les Byzantins, 534, — les Vandales, 429, — les Romains, 146 av. J.-C., — et les Carthaginois, 1259 av. J.-C.

La population est formée surtout de Berbères, producteurs de figues, d'olives, d'huile, de peaux, de miel, de cire, d'orge et de sorgho (*bechna*). — Sur la côte, à l'est de Bougie et surtout entre Bône et Tabarka, on pêche l'éponge et le corail.

Les Marseillais, dès le xvᵉ siècle, vinrent acheter ces denrées et fonder des comptoirs. Ainsi se créèrent les premiers rapports de la France avec l'Afrique du Nord.

I

AVANT 1830

1793-1798. Le dey Baba Hassan reconnaît la République Française. Il prête cinq millions au Directoire, sans intérêts. Il ouvre ses magasins à nos fournisseurs de grains, Bakri et Busnach. (L'impôt était payé en nature au gouvernement du Dey par les indigènes.)

1816-1818. Dey Aly Khodja : le consul de France, M. Deval, lui promet une frégate française neuve.

30 avril 1827. Dey Hussein, le dernier. Il frappe M. Deval d'un coup d'éventail au visage, à propos du règlement de la dette et du procès Bakri et Busnach, à propos aussi de la frégate neuve que la Restauration ne pouvait donner au Dey.

Le procès Bakri et Busnach venait de ce qu'ils avaient fourni des grains avariés.

1827-1830. Croisière devant Alger. Elle coûte 21 millions ; naufrage des vaisseaux français le *Silène* et l'*Aventure* au cap Bengut, près de Dellys.

Nos marins furent horriblement maltraités : le Dey achetait leurs têtes, et, à défaut, leurs oreilles.

II

EN 1830

1830. Insulte au vaisseau parlementaire la *Provence* : il est canonné dans le port d'Alger. La guerre est décidée, grâce à l'énergique impulsion du ministre de la marine, d'Haussez.

25 mai 1830. La flotte française portant l'*armée d'Afrique* sort de Toulon.

14 juin 1830. Débarquement des Français

à Sidi-Ferruch (Sidi-Ferredj) : 32 hommes hors de combat.

Duvivier fore à Sidi-Ferredj le premier puits artésien dû à l'armée d'Afrique.

19 juin 1830. Bataille de Staouély : 57 tués et 437 blessés.

Les Français furent attaqués de grand matin par 60 mille ennemis, ayant à leur tête l'agha des Arabes Ibrahim, gendre du Dey. A midi, le camp des Turcs et de leurs auxiliaires indigènes était occupé par nos troupes.

24 juin. Combats à Sidi-Khaled et à Dély-Ibrahim.

L'armée construit une route sur Alger pour le passage de l'artillerie de siège.

4 juillet 1830. Prise du Fort-l'Empereur.

Il fut vaillamment défendu. Ses défenseurs le firent sauter au moment de l'assaut, après l'avoir évacué. Alors seulement le Dey offre d'entrer en pourparlers : c'était trop tard. Il dut se soumettre et signer une convention proposée par de Bourmont.

5 juillet, à midi. Entrée des Français dans Alger.

L'armée française montre une discipline admirable, dont témoigne le récit du chirurgien allemand Pfeiffer, alors prisonnier à Alger.

23-25 juillet. Bou Mezrag, bey de Tittery (Médéa), attire le général en chef à Blida et il le fait attaquer par les indigènes de la montagne ; 58 hommes tués ou enlevés.

Pour punir le traître Bou-Mezrag, on marchera sur Médéa... Ainsi commencera, par la faute du bey de Tittery, la conquête graduelle du territoire, qui n'avait pas été décidée par le gouvernement de Charles X.

31 octobre. Création de la *Ferme expérimentale* à l'haouch Pacha, par le général Clauzel, successeur de M. de Bourmont.

Le général Clauzel avait acheté les biens particuliers du dey Hussein et du bey d'Oran.

III

APRÈS 1830

—

A. — Occupation du littoral

De Bourmont avait fait occuper Bône, 25 juillet 1830, et Mers-el-Kebir et Oran, 4 août 1830. Ces positions furent abandonnées aussitôt : Bourmont rappelait les troupes pour les ramener en France et combattre la révolution. L'amiral Duperré, qui était un libéral, ne lui permit pas de les rembarquer. — Le général Clauzel, successeur de Bourmont, effectua la première expédition contre Médéa, 17-29 novembre 1830.

4 janvier 1831. Occupation définitive de Mers-el-Kebir et d'Oran.

Le dey Omar quitte volontairement Oran pour se retirer à la Mecque, avec son harem et son trésor.

30 mai 1832. Occupation de Bône.

Enlevée par Armandy et Youssouf, cette ville fut d'abord sagement administrée par le généra Monk d'Uzer.

Organisation du Jardin d'Essai, au Hamma, près d'Alger.

Premiers colons : de Tonnac, de Vialar, Ventre, Bonneviale, Tobler.... Ils créent des fermes autour d'Alger.

Le marabout Mahi Eddine et son fils El-Hadj Abdelkader s'agitent à Maskara et à Oran.

3 juillet 1833. Occupation d'Arzeu, général Desmichels.

Son port — la Marsa — est un des meilleurs du Nord de l'Afrique.

29 juillet. Occupation de Mostaganem, général Desmichels.

Août. L'armée commence la route du Sahel et de la Metidja, général Voirol.

29 septembre. Occupation de Bougie, général Trézel.

Un navire anglais, le *Procris*, avait été pillé par les Bougiotes. L'Angleterre se récria vivement. Ordre fut donné à Trézel d'embarquer à Toulon avec deux bataillons du 59e de ligne, deux batteries d'artillerie et une compagnie de sapeurs, sur une flottille de sept bâtiments. Les Bougiotes se défendirent énergiquement. Les Kabyles tinrent ensuite bloquée plus d'un an la ville qu'ils ne dominaient plus.

26 février 1834. Traités Desmichels.

Abdelkader est reconnu émir et suzerain à Oran, à Arzeu, à Mostaganem. Il contrôle nos actions !...

Mars 1835. Création du Camp d'Erlon, aujourd'hui Bou-Farik.

Elle fut décidée à la suite d'une visite au marché, faite par 5 colons héroïques : de Vialar, Vallier...

Id. Création du Camp de Mahëlma, aujourd'hui commune de plein exercice.

16 juin. Convention du Figuier (Trézel et Mustapha ben Ismaël).

Les Douairs et les Smélas se mettent sous la protection de la France. Leur chef, Mustapha ben Ismaël, devient le plus fidèle défenseur de notre drapeau.

28 juin 1835. Combat désastreux et glorieux de la Macta.

L'armée est sauvée, au chant de la *Marseillaise*, par les anciens Volontaires parisiens. Elle perd 500 hommes et un canon.

15 juillet 1836. Occupation de la Calle, commandant Youssouf.

Depuis le xve siècle, cette ville avait presque toujours vu flotter notre drapeau ; sa population est presque exclusivement originaire d'Italie. Près du déversoir du lac Melah, sont les ruines du Bastion de France.

25 août 1836. Création du Camp de l'Oued-El-Aalleïg, aujourd'hui commune de plein exercice.

Ses canons devaient tenir en respect les Hadjoutes voleurs de troupeaux et coupeurs de têtes.

26 mars 1838. Création d'un camp sous Koléa, commandant Cavaignac.

3 mai. Création du Camp Supérieur (Joinville) et du Camp Inférieur (Montpensier), à l'ouest et à l'est de Blida, colonel Duvivier.

7 octobre. Création de Fort-de-France — Philippeville — sur un emplacement acheté 150 fr. aux indigènes.

8 octobre. Occupation de Stora, général Galbois.

13 mai 1839. Occupation de Djidjelly, commandant de Salles.

Le brick l'*Indépendant*, jeté à la côte, avait été pillé par les Djidjellyotes. Ils furent punis par la perte de leur indépendance.

2-6 février 1840. Défense du poste de Mazagran par le capitaine Lelièvre.

123 hommes du bataillon d'Afrique tiennent tête, pendant 4 jours et 4 nuits, à plusieurs milliers d'Arabes.

15 mars. Occupation de Cherchell, maréchal Valée.

Un navire français avait été pillé par les indigènes de Cherchell ; la prise de la ville fut la juste punition de cet acte de sauvagerie. Le commandement de la ville fut confié au commandant Cavaignac, à qui Cherchell vient d'ériger un buste.

1843. Création de Ténès, général Bugeaud.

Ténès devait servir de port à Orléansville.

17 mai 1844. Occupation de Dellys, maréchal Bugeaud.

Bugeaud voulait punir les Kabyles que Ben Salem, khalifat du Sebaou, excitait contre nous, à l'instigation d'Abdelkader.

1er septembre 1844. Occupation de Djemâa-Ghazaouath, aujourd'hui Nemours.

B. — Occupation du Tell

Les intrigues de Bou Mezrag, 1830, — celles du marabout El-Hadj Abdelkader, acclamé émir à Maskara par trois tribus, 1832, — et celles de notre khalifat de Bône, Youssouf (il entraîne Clauzel à Constantine, ce qui provoque un échec qu'il faut ensuite réparer, 1836), — sont les causes effectives de l'occupation du Tell par les Français.

1830. Première expédition de Médéa, général Clauzel.

30 mai 1837. Traité de la Tafna, signé par Bugeaud.

Ce traité faisait de l'émir un véritable monarque arabe. Le roi de France espérait gouverner l'Afrique du Nord par son intermédiaire; il lui donnait des armes et des munitions qu'Abdelkader employa ensuite contre nous.

1er-13 octobre 1837. Occupation de Constantine.

Le gouverneur Damrémont fut tué par un boulet, en examinant la brèche. Le colonel Combes, blessé à mort pendant l'assaut, vint cependant rendre compte des opérations. Il

termina son rapport verbal par ces mots :
« Ceux qui ne sont pas atteints mortellement
jouiront de ce beau succès... » — « Vous êtes
blessé ? » lui dit-on. — Il répond froidement :
« Je suis mort !... » Et, refusant toute aide, il
va seul à sa tente, s'étend sur son lit de camp
et meurt en stoïcien !...

**12 décembre 1839. Occupation de Djemilha,
général Galbois.**

**15 décembre. Occupation de Sétif, général
Galbois.**

Édification du fort du Hamza, aujourd'hui
Bouïra. Le passage des Portes de Fer est con-
sidéré par Abdelkader comme une violation du
traité de la Tafna (1837), et il fait envahir la
Metidja occidentale par les Hadjoutes : san-
glants combats à l'Oued-el-Aâlleïg (Oued-el-
Aleug), — et la Metidja orientale par les
Kabyles : ruine des premières fermes ; héroïsme
des Pirette, des Saint-Guilhem ; fidélité des
métayers indigènes de M. de Tonnac : ils dé-
fendent la ferme en l'absence de leur patron.

**9-20 mai 1840. Occupation définitive de
Médéa, maréchal Valée.**

Le général Duvivier garde la place avec 2,400
zouaves, ayant à leur tête le colonel Cavaignac.

7-15 juin. Occupation de Miliana, maréchal Valée.

Le colonel d'Illens commande cette position, qui reçoit 1,200 hommes de garnison.

30 mai 1841. Occupation définitive de Mascara, général Bugeaud.

Le nouveau gouverneur, Bugeaud, veut ruiner Abdelkader; il détruit systématiquement Boghar, Thaza, Tagdempt, Saïda, forteresses de l'émir.

30 janvier 1842. Occupation définitive de Tlemcen, général Bugeaud.

Tlemcen avait été évacuée la veille par Abdelkader. Au général Bedeau fut confiée la garde de cette importante position, que les Arabes appelaient *Bab-el-Maghreb* (Porte du Couchant).

27 mars 1843. Création de Teniet-el-Hâad, général Changarnier.

21 avril. Fondation de Tiaret, commandant Desvaux.

29 avril. Fondation d'El-Esnam, aujourd'hui Orléansville, général Bugeaud.

22 mai. Création de redoutes à Boghar, à Sidi-bel-Abbès...

Des routes sont construites par l'armée pour unir les positions qu'elle a occupées ou créées ; elles favorisent les marches de nos soldats et assurent la pacification. La plus remarquable est celle de Blida à Médéa, le long des gorges pittoresques de l'oued Chiffa.

14 août 1844. Bataille de l'Isly.

Exemple de la supériorité de la discipline sur le nombre. Voici comment Bugeaud expliquait son plan à ses officiers, la veille de la bataille : « Avec notre petite armée, dont l'effectif s'élève à 6,500 baïonnettes et 1,500 chevaux, je vais attaquer l'armée du prince marokain qui, d'après mes renseignements, s'élève à 60 mille cavaliers. Je voudrais que ce nombre fût double, fût triple, car plus il y en aura, plus leur désordre et leur désastre seront grands. Moi, j'ai une armée ; lui a une cohue. Je vais vous expliquer mon ordre d'attaque : Je donne à ma petite armée la forme d'une hure de sanglier. Entendez vous bien ! La défense de droite, c'est Lamoricière ; la défense de gauche, c'est Bedeau ; le museau, c'est Pélissier, et moi je suis entre les deux oreilles. Qui pourra arrêter notre force de pénétration ? Ah ! mes amis, nous entrerons dans l'armée marokaine comme un couteau dans du beurre. » Le colonel Morris, avec ses 500 chasseurs d'Afrique, soutint héroïquement l'effort de 6,000 cavaliers. 11 canons, 18 drapeaux, le camp des ennemis restèrent en notre pouvoir, et, le soir, Bugeaud offrait le thé à ses officiers dans la tente même du fils de l'empereur du Marok.

10 septembre 1844. Traité de Tanger.

Fut la suite de la victoire de l'Isly. Le Marok doit, à l'avenir, repousser Abdelkader. Afin de ne pas éveiller les jalousies de l'Angleterre, on ne profita pas de l'avantage du vainqueur ; la limite fut même reportée en arrière de la Moulouya, qui formait frontière du temps des Turcs. Louis-Philippe avait dit pompeusement : « La France est assez riche pour payer sa gloire. »

Avril 1845. Occupation du fort de Sour-Ghozlan, aujourd'hui Aumale.

15 novembre 1846. Fondation d'Aumale.

27 février 1847. Ben Salem vient à Aumale se soumettre au maréchal Bugeaud.

C. — OCCUPATION DES HAUTS-PLATEAUX

La nécessité de réduire Abdelkader nous oblige à le poursuivre dans la région dite Yakoubia, en d'autres termes, dans les Hauts-Plateaux oranais. La nécessité d'en finir avec le bey Ahmed de Constantine nous entraîne vers l'Aourès, où il s'est cantonné.

Février 1844. Création d'un camp à Batna, duc d'Aumale.

13 octobre. Destruction de Goudjilha.

C'était une nouvelle forteresse élevée par Abdelkader.

27 avril 1846. Massacre de la Deïra.

La Deïra était formée des débris de la Smalah ; elle contenait les prisonniers français. Abdelkader, qui ne pouvait plus les nourrir, faute de crédit, les fit massacrer. Le massacre de la Deïra rend exécrable la mémoire de l'émir : il aurait pu échanger les prisonniers.

A cette époque, le général d'Arbouville soumettait les Oulad-Nayl.

23 décembre 1847. Abdelkader, réduit aux abois, se rend au général Lamoricière.

La soumission d'Abdelkader s'effectue à Sidi-Brahim, au lieu même où l'émir avait attiré la colonne du commandant Montagnac pour la massacrer, au lieu immortalisé par le stoïcisme de Froment-Coste et par l'héroïsme de Dutertre, un Régulus français !...

5 juin 1848. Soumission de l'ex-bey de Constantine, Ahmed.

Il avait été cerné dans l'Aourès par le colonel Canrobert et le commandant Saint-Germain. Ahmed vint vivre à Alger, dans la paix et l'opulence.

Novembre 1852. Création de Djelfa, général Youssouf.

D. — SOUMISSION DU SAHARA

Le Tell et les Hauts-Plateaux occupés, nos adversaires se réfugièrent dans le Sahara : il fallut les y suivre, afin de les réduire. Plusieurs chérifs y prêchaient la guerre sainte contre les Français.

4 mars 1844. Occupation de Biskra, duc d'Aumale.

8 Français y furent laissés pour organiser une compagnie de tirailleurs indigènes. Ils furent assassinés pendant leur sommeil, sauf le sergent-major Pélisse, qui fut sauvé par une femme indigène.

24 mars-15 mai 1849. Expédition du général Pélissier dans les ksour de l'Oranie.

17 juillet-26 novembre. Sièges de Zâatcha (insurrection des Zibans), général Herbillon.

Les chérifs Bou Zian et Sidi Mouça dirigeaient la défense. Les femmes combattaient comme des furies, mutilant nos soldats blessés avant de les tuer, ce qui les fit traiter en belligérantes et on ne leur fit plus quartier.

Les dattiers furent coupés. Zâatcha ne s'est pas relevée de ses ruines.

27 octobre-15 novembre. Soumission de Bou-Çâada, colonel Daumas.

4 décembre 1852. Prise et occupation de Laghouath, général Pélissier.

Ce siège fut vivement conduit. A 6 heures on battait en brèche, à 10 heures les zouaves montaient à l'assaut, à midi le drapeau tricolore flottait sur Laghouath. Le nombre des cadavres fut si considérable que les vautours y volèrent de toutes parts.

Les habitants s'étant enfuis, Pélissier en réinstalla quelques-uns qu'il put ramener, et organisa sa conquête qui, depuis, n'a fait que prospérer.

5 décembre 1854. Occupation de Touggourth et de l'Oued-Souf.

Cette région succombait, faute d'eau. Le général Desvaux fit appel à l'ingénieur Jus, qui la sauva en forant des puits artésiens. Le puits de Tamerna, creusé le premier, donnait 4,000 litres par seconde, une rivière d'eau potable ! Les indigènes accoururent en foule le contempler, s'y abreuver et fêter ses créateurs. Un vieux marabout, dans un discours vibrant, l'appela *Fontaine de la Paix*. Les habitants de l'Oued-Souf considérèrent les Français comme des bienfaiteurs, des sauveurs.

1860-1861. Voyage de Henry Duveyrier chez les Touaregs Azdjer.

1864. Insurrection des Ouled-Sidi-Cheik.

Elle fut la suite d'une querelle de bureau arabe. La colonne Beauprêtre fut surprise à Aïounet-bou-Beker. Si Sliman, chef des révoltés, poignarda Beauprêtre dans sa tente ; le colonel eut le temps de saisir un pistolet et de tuer l'ennemi, qui s'oubliait à jouir de son agonie.

Cette insurrection causa la mort du gouverneur Pélissier, le glorieux duc de Malakoff : l'empereur lui refusait les troupes nécessaires pour une répression rapide, énergique ; il eut un coup de sang et mourut, regretté des civils autant que des militaires.

1870. Expédition de l'Oued-Guir.

Le Marok avait accueilli les insurgés de 1864

qui, tous, n'avaient pas sollicité l'aman après la répression opérée par les généraux Martimprey, Jolivet, Youssouf et Deligny. Le gouverneur, maréchal de Mac-Mahon, envoya le général de Wimpffen contre eux. Wimpffen, assisté des généraux Chanzy et Colomb, traversa Figuig et alla battre les dissidents en plein territoire marokain, à Aïn-Chaïr.

24 janvier 1873. Occupation d'El-Goléa, général de Gallifet.

El-Goléa est à 800 kilomètres de la mer Céruléenne, au bord extrême du Sahara algérien. Cette position permet de surveiller les Chambâas qui, trop souvent, ont pillé les tribus qui nous sont soumises.

1880-1881. Insurrection du Sud oranais, fomentée par le marabout Bou Amema, de Moghar-Tahatani.

Elle est signalée par le massacre de la colonne Innocenti, par le massacre des halfatiers espagnols de Khralfalla. Le général de Négrier se signala dans la répression. On occupa les ksour des Ouled-Sidi-Cheïk, et un chemin de fer fut ouvert jusqu'à Aïn-Sefra : il assure la soumission du pays et on le prolonge en ce moment jusqu'à Djenan-bou-Rezk, près de Figuig. Bou Amema intrigue encore contre nous au Marok.

1882 - 1883. Annexion du M'zab, général La Tour d'Auvergne.

Le fort de la Chebka tient en respect, sous ses canons à longue portée, les villes de Gardaya, Melika, Bou-Noura, El-Ateuf et Beni-Isguène. Une route de 5 mètres de largeur, avec des points d'eau assurés, relie le M'zab à Laghouath, à Alger.

IN MEMORIAM !...

De 1874 à nos jours, plus de vingt Français ont été traîtreusement massacrés par les Sahariens :

1874. Dourneaux-Duperré et Joubert, tués au sud de Ghadamès ;

1876. Trois missionnaires, au sud d'El-Goléa : Paumier, Bouchard et Minoret ;

1881. Flatters et ses compagnons, au sud d'Amadghar, plus trois missionnaires au sud de Ghadamès : Richard, Morat et Pouplard ;

1886. Palat, à l'est de l'Aouguerout ;

1889. Douls, près d'Akabli ;

1894. Crampel, sur la rive droite du Chari ;

1896. De Morès, à 130 kilomètres au sud de la Tunisie, à El-Ouatia, en territoire de Tripoli ;

1897. Collot, près de Hassi - Inifel (Fort Mac-Mahon).

Pour venger ces morts héroïques, il suffirait d'occuper Ghadamès, d'où est venu le signal de la mort ; tout au moins, faudrait-il recueillir les fruits de la mission accomplie autrefois dans cette ville par le commandant Mircher et le prince de Polignac.

Il faudrait construire le chemin de fer transsaharien Alger-Tchad, entreprise facile si on veut bien y employer la main-d'œuvre pénitentiaire occupée actuellement dans les fermes, ce qui ôte le pain aux journaliers soutiens de famille, ayant des enfants à nourrir.

E. — OCCUPATION DE LA KABYLIE

Ben Salem, khalifat du Sebaou, soudoyé par Abdelkader, envoie des coureurs dans la Metidja orientale pour le pillage des fermes, l'égorgement des colons de la première heure. Plus tard, un chérif, Bou Baghla, et une prophétesse, Lella Fatma, excitent encore les Kabyles contre la France. Randon, après Bugeaud, veut soumettre la Kabylie.

1844. Première expédition de Bugeaud en Kabylie : combat d'Ouarez - Eddine, prise de Dellys.

Bugeaud, qui manquait de troupes, avait mobilisé une milice civile de 3,000 colons.

1846. Abdelkader en Kabylie, attaque de Tizi-Ouzou.

1847. Soumission de Ben Salem, à Aumale.

1849. Diverses expéditions, notamment celle de la Petite Kabylie orientale, général Saint-Arnaud.

1851. L'agitateur Bou Baghla (*l'homme à la mule*) paraît en Kabylie.

C'était un ancien forçat. Il avait appris au bagne la prestidigitation et il se fit passer pour un marabout faisant des miracles. Il osa, à la tête de plusieurs milliers de révoltés, attaquer Bougie.

1853. Bou Baghla est tué chez les Beni-Mellikeuch.

1856. Attaques des Kabyles contre Tizi-Ouzou et Dra-el-Mizan.

24 juin 1857. Combat d'Ichériden, général de Mac-Mahon.

La création de Fort-National et la construction de voies militaires assurent le repos de la Kabylie, par la facilité qu'on a d'y envoyer des troupes à la moindre agitation.

Les Kabyles soumis conservent leur organisation intérieure.

1871. Insurrection de Mokrani, bach-agha de la Medjana.

Mokrani était une sorte de vice-roi. Il fut froissé par la substitution du régime civil au régime militaire ; la naturalisation des juifs le blessa profondément, et l'autorité militaire lui laissa croire que les sommes qu'il avait avancées aux affamés de 1867 seraient perdues pour lui, à cause du changement de régime : il résolut de se révolter ; et, avec l'aide d'un chef religieux, il souleva la Kabylie. Il fut tué au combat de l'Oued-Soufflat — 5 mai — par les zouaves du colonel Trumelet, d'une balle en plein front. Il fallut, pour réduire cette insurrection, livrer aux rebelles plus de 340 combats. Dellys eut à subir un assaut, Bougie en supporta cinq ; Fort-National fut investi pendant 71 jours ; Palestro fut massacré en entier... La ville indigène de M'gaous, où pas un Français n'était, résista aux révoltés du 29 juillet au 7 septembre ; elle avait arboré un drapeau tricolore, cousu par une Moresque au moyen de chiffons rouges, blancs et bleus.

F. — Soumission de la Tunisie

Les Tunisiens violaient constamment notre territoire pour enlever bêtes et gens. En 1878, le vapeur l'*Auvergne* échoua sur les rochers de l'îlot de Tabarka : il fut pillé. Le 31 mars 1881, un poste-frontière fut attaqué : un soldat du 59e de ligne fut tué et un caporal blessé... Il fallait bien réagir et se faire respecter.

1881. Expédition de Kroumirie et occupation de Tunis.

L'expédition comprenait 25,000 hommes, sous les ordres du général Forgemol. Tabarka fut occupée par le général Delpech, Bizerte par le général Bréart, qui marcha ensuite sur Tunis.

12 mai 1881. Traité de Tunis, ou du Bardo, ou de Ksar-Saïd.

La Tunisie est placée sous le protectorat de la France.

Mais à Kairouan, ville religieuse, les marabouts prêchent la guerre sainte et à Sfax les musulmans pillent le quartier européen. Le général Saussier réprime le mouvement : Tunis est occupé, Kairouan, Gabès, l'île Djerba également... Sfax avait été emportée d'assaut.

L'ouverture de voies ferrées assure l'occupation, et la France crée maintenant à Bizerte un grand port militaire, en attendant l'installation d'un autre à Rachgoun.

IV

INDICATIONS SUPPLÉMENTAIRES

Il convient de connaître particulièrement les points spéciaux suivants :

A. — **Insurrections :** Les 3 plus importantes sont celles de :

1845. Fomentée par Abdelkader et réprimée par Bugeaud ;

1864. Amenée par la rivalité du général de Colomb et du marabout Si Sliman ben Hamza ;

1871. Fomentée par Mokrani et réprimée par le très énergique et très patriote amiral de Gueydon, premier gouverneur général civil.

B. — **Combats :** Les 12 plus saillants sont, par ordre alphabétique :

Alma, 1871 ; Biskra, 1840 ; Djemilha, 1838 ; Ichériden, 1857 ; Isly, 1844 ; Makta, 1835 ; Mazagran, 1840 ; Oued-el-Aleug, 1839 ; Oued-Soufflat, 1871 ; Sikkak, 1836 ; Taguin, 1843 ; Mouzaïa, 1830, 1831, 1836, 1840.

C. — **Sièges :** Voici les 8 plus intéressants : Constantine, 1836 et 1837 ; Fort-l'Em-

pereur, 1830 ; Fort-National, 1871 ;
Laghouath, 1852 ; M'gaous, 1871 ;
Palestro, 1871 ; Tlemcen, 1836 ; Zâat-
cha, 1849.

D. — **Traités :** Les 4 plus importants sont
ceux :

De Desmichels, 1834 ;
De la Tafna, 1837 ;
De Tanger, 1844 ;
De Tunis, 1881.

E. — **Colonisation :** Inaugurée par Clauzel,
qui fonde les premiers centres : Dély-Ibrahim,
Kouba, la Rassauta ; elle est vivement poursuivie
par Bugeaud et ses lieutenants, Lamoricière à
Oran et Bedeau à Constantine. Napoléon III refuse
à Pélissier le *cantonnement*, qui aurait introduit les
colons français parmi les tribus et développé la
viabilité ; mais de Gueydon, après l'insurrection
de 1871 vaincue, crée un grand nombre de villages
avec écoles, abreuvoirs, routes...

La colonisation a profité aux indigènes. En 1830,
le blé se vendait 6 fr. l'hectolitre ; un bœuf valait
20 fr., une brebis 2 fr... Le relèvement des prix et
l'exemple du travail méthodique ont activé la production et remplacé la misère par l'aisance : la
population indigène a doublé en 60 ans...

F. — **Grands généraux :** D'abord Bugeaud
et son meilleur élève, Pélissier, le vainqueur de
Malakoff ; ensuite Clauzel, Trézel, Duvivier, Cavai-

gnac, et, à une époque plus récente, Fourchault, qui ne dépassa pas le grade de colonel, Saussier, le généralissime actuel de notre armée renouvelée.

G. — **Grands gouverneurs :** En suivant l'ordre du temps : Clauzel, créateur de la *Ferme expérimentale* et des premiers villages ; Bugeaud, guerrier et agronome ; Pélissier, qui fut aimé des colons et des soldats ; de Gueydon, si patriote et clairvoyant.

H. — **Influence de la conquête :** La France acquiert la plus belle des colonies, si rapprochée de Marseille qu'on ne peut s'empêcher de la considérer comme une seconde Provence, une extension de la France ; de riches territoires sont ouverts aux déshérités de la Mère Patrie et les indigènes sont libérés de l'arbitraire turc.

L'Algérie — terre de production — fournit des matières commerciales de premier ordre : minérales, végétales, animales, industrielles.

L'Algérie — terre chaleureuse et propice aux nombreuses familles — donne à la France une race de francophones d'accroissement rapide et très patriote, sur laquelle la Mère Patrie peut compter pour les travaux et pour les luttes de l'avenir. En 1871, nombre de Franco-Algériens ont versé leur sang à l'armée de la Loire, à l'armée de l'Est, et leurs fils ne reculeront pas quand se lèvera le soleil du grand jour qu'attend la France !

ALGER. — TYPOGRAPHIE A. JOURDAN.

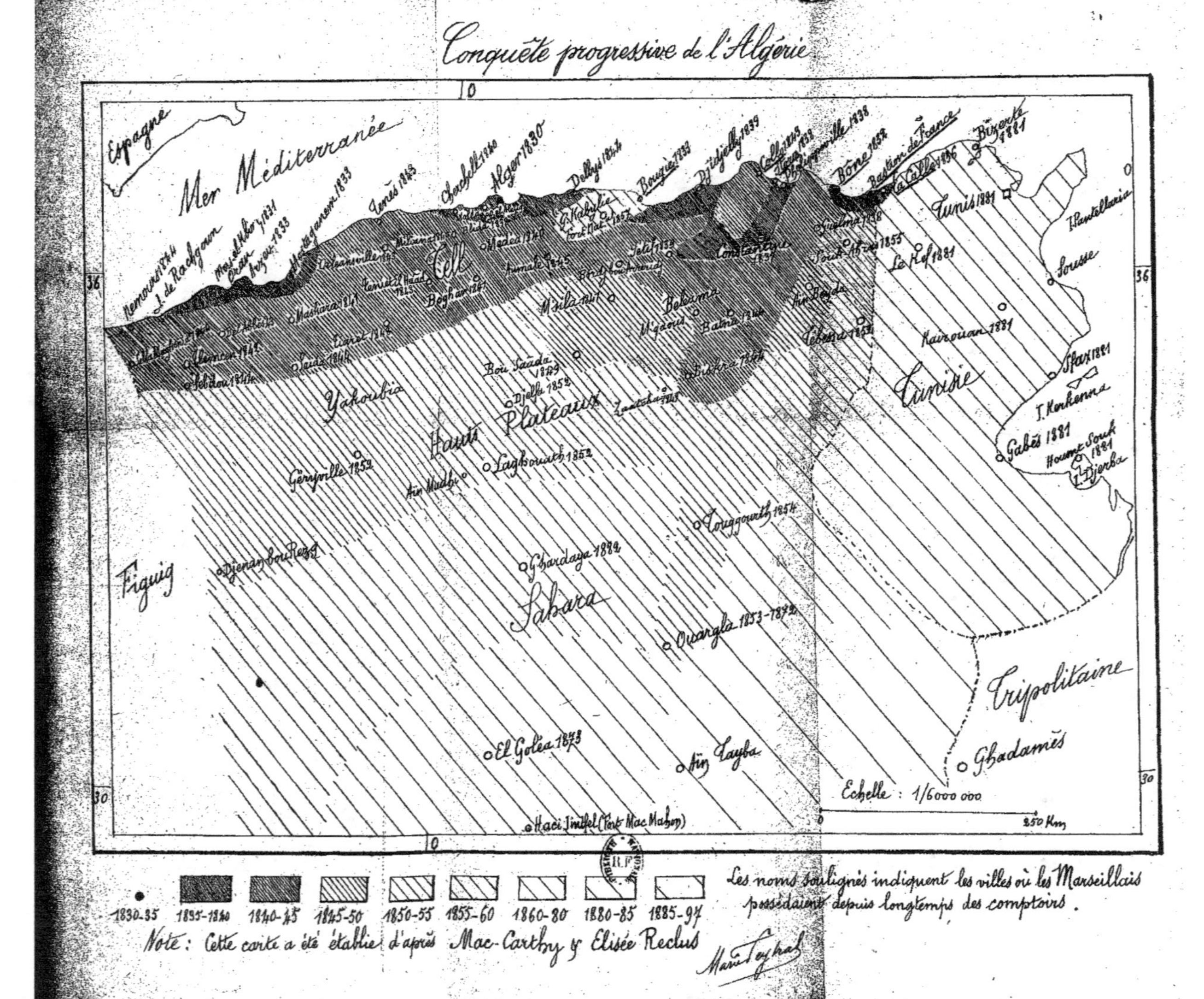

Conquête progressive de l'Algérie
Espagne
Mer Méditerranée
Tunisie
Tripolitaine
Figuig
Hauts Plateaux
Sahara
Yakoubia
Échelle : 1/6 000 000
350 Km
Les noms soulignés indiquent les villes où les Marseillais possédaient depuis longtemps des comptoirs.
1830-35 1835-1840 1840-45 1845-50 1850-55 1855-60 1860-80 1880-85 1885-97
Noté : Cette carte a été établie d'après Mac-Carthy & Elisée Reclus